OPINION

OF

Messieurs Coin Delisle & Paillard de Villeneuve

ON THE VALIDITY OF THE DISPOSITION CONTAINED IN THE

WILL OF THE LATE JOHN D. FINK

PROVIDING FOR THE CONSTRUCTION & SUPPORT

OF AN

ASYLUM IN THE CITY OF NEW ORLEANS

FOR THE BENEFIT OF

PROTESTANT WIDOWS & ORPHANS.

NEW ORLEANS.

1860.

EXPOSÉ.

Le testament authentique de John D. Fink, à la Nouvelle-Orléans, en date du 7 novembre 1855, contient, après divers legs particuliers, la disposition universelle suivante:

" It is my wish and desire and I do hereby declare the same " to be my will, that after payment of my just debts and the " several legacies herein above mentioned, that the proceeds of " the whole of Estate, property, rights and credits be applied to " the erection, maintainance and support of a suitable Asylum in " this City, to be used solely as an Asylum for Protestant " Widows and Orphans, to be called " Fink Asylum " and I do " herein request and authorize my friend Diederick Bullerdieck, " after my decease, to name and appoint three worthy and res" ponsible persons as *trustees* to carry out my said intentions res" pecting the aforesaid Asylum.

" I hereby nominate and appoint my said friend Diederick " Bullerdieck sole executor of this my last will and testament " with full power to take possession of my estate and be detainer " thereof. "

L'exécuteur testamentaire, au lieu de nommer trois trustees, a réuni six autres personnes pour obtenir un acte d'incorporation privéé, avec lui septième, pour le *Fink Asylum*: suivant la forme requise par une loi de 1855 pour l'organisation des Corporations Littéraires, Scientifiques, Religieuses ou Charitables.

Comme le testament ordonnait à l'exécuteur testamentaire de nommer trois trustees, et que cette disposition est nulle et qu'elle annulle le legs, certains héritiers du défunt ont demandé en justice contre l'exécuteur testamentaire, la restitution du legs *de residuo.*

Ils ont échoué par décision de la Cour Suprême de l'Etat de la Louisiane du 16 mars 1857, qui déclare infirmer le jugement rendu au profit de l'héritier, qui déclare en même temps que *le legs du résidu* est fait au profit de la ville de New Orleans (laquelle n'était pas en cause), et qui, statuant sur l'intervention au procès de la Corporation *the Fink Asylum,* la démet de cette intervention.

On a mis sous les yeux du Conseil, 1o. L'expédition du testament; 2o. Une copie en forme de la décision de la Cour Suprême et quelques autres pièces qu'il est inutile de relater ici.

On lui demande son sentiment dans l'intérêt d'autres héritiers du même testateur si, selon son sentiment, les héritiers du dit défunt auxquels on ne pourrait pas apposer l'arrêt de la Cour Suprême du 16 mars 1857, ont le droit de demander la nullité du legs *de résiduo,* soit contre l'exécuteur testamentaire, soit contre la ville de New Orleans, à qui la Cour a déclaré que le legs appartenait, soit enfin et cumulativement contre les trustees (s'il y en a eu de nommés) et autres prétendants à détenir les deniers et biens quelconques restant après paiement des legs et des justes dettes du testateur.

CONSULTATION.

Sur quoi l'avocat à la Cour Impériale de Paris, soussigné,

En supposant, en fait et en droit, qu'il y ait quelque héritier du défunt auquel la décision de la Cour Suprême de la Louisiane, du 16 mars 1857, ne soit ni applicable, ni opposable, parce qu'il n'y aurait été ni partie, ni représenté ; — point que le soussigné ne peut examiner, faute de connaissances spéciales sur la procédure des Etats-Unis,

Est d'avis,

Que tout héritier du testateur qui n'aurait été ni partie, ni représenté dans ladite décision de la Cour Suprême, a le droit incontestable de demander, en ce qui le concerne, dans les formes et suivant les règles de compétence et de procédure usitées dans le pays, la nullité du legs *de residuo*, tant contre l'exécuteur testamentaire, que contre la ville de New-Orléans, à qui la Cour a déclaré que le legs appartenait, quoiqu'elle ne fut pas en cause et ne le réclamât point, et contre les trustees, s'il en a été nommé, et autres prétendants droit à détenir les biens de la succession de John David Fink, après le paiement des justes dettes du défunt, et l'acquit de ses legs à titre particulier ;

Que le legs universel *de residuo* par cela seul qu'il est confié, a trois trustees, est nul à quelque personne qu'il ait été fait, même quand il aurait été fait à la ville de New Orléans ; aux termes de l'article 1507 du code de la Louisiane calqué sur l'article 896 du Code Napoléon, mais y ajoutant trois mots de plus ;

" Les substitutions *et les fidéicommis* sont prohibés. Toute " disposition par laquelle le donataire, l'héritier ou le légataire " est chargé de conserver et de rendre à un tiers est nulle, même " à l'égard du donataire, de l'héritier institué ou du légataire."

Que toute l'affaire réside dans cet article, puisque l'exécuteur testamentaire reçoit l'ordre du testateur de nommer trois *trustees* pour exécuter ses intentions testamentaires quant au legs *de résiduo*.

Que le plus grand danger que courra le demandeur sera quand à une phase quelconque de la procédure, il arrivera devant la Cour Suprême de la Louisiane, et rencontrera par conséquent *comme précédent*, l'arrêt ou décision du 16 Mars 1857; mais qu'alors il est à croire que la loyauté de la magistrature lui fera faire une distinction sur la différence de consulter les précédents judiciaires dans les pays légiférés ou codifiés et dans les pays de coutumes, et que la vérité légale triomphera, par l'organe même de la Cour Suprême, qui, sans s'arrêter à ce précédent prononcera la nullité du legs universel *de résiduo* et ordonnera que le résidu de la succession, soit par l'exécuteur testamentaire, les trustees, ou tous autres détenteurs ou prétendants à ce legs universel, restitué à l'héritier ou aux héritiers avec qui le jugement, arrêt ou décision du 16 Mars 1857, n'aura pas été déclaré commun.

Quelques reflexions démontreront le fondement des propositions que le soussigné vient d'émettre.

I.

La maxime *res judicata pro veritate habetur* a ses limites chez tous les peuples.

La justice n'a le pouvoir de décider les questions qu'entre les parties qui procédent devant elle. La chose jugée ne nuit ni ne profite aux tiers qui ne sont pas parties au procès. *Res judicata nec prodest nec nocet tertio.*

Donc, la décision de la Cour Suprême qui a, en l'absence de la ville de New Orleans, déclaré la dite ville, légataire universelle du résidu des biens du testateur, nonobstant la nullité du legs, n'a pas même rendu un jugement au profit de cette ville. Elle n'avait pas intenté d'action ; elle n'était pas partie au procès : donc, rien n'est jugé à son égard. — Ce que le juge a dit n'est qu'une simple opinion, mais ne confère aucun droit à la Cité de New Orleans. — Si elle a des droits, qu'elle agisse contre les autres parties : jusque là, elle ne peut invoquer un jugement qui lui est étranger.

De même, un ou plusieurs héritiers *qui n'étaient pas parties* au procès ou qui n'y étaient pas réprésentés ne peuvent être lésés par un jugement à eux etranger.

Ils sont *personnes différentes* de celles avec qui le jugement a été rendu. Cela est élémentaire dans tous les pays ou règne le droit.

II.

Ce qui est encore élémentaire et commun à toutes les nations, c'est que la nullité du testament tourne toujours au profit de l'héritier.

L'héritier légal, l'héritier *ab intestat* est celui auquel reviennent les biens si le testament est nul et non valide. La raison en est que toutes les nations établissent par leurs lois l'ordre des successions dans les familles, que la faculté de tester n'est qu'une puissance privée accordée au sujet de la loi, sous la condition de ne pas violer les lois de la cité ; que lorsque le testateur viole les dispositions prohibitives du droit public, il n'y a plus de testament en cette partie ; et s'il n'y a plus de testament *in parte quâ*, la disposition de l'homme n'existe plus, et l'ordre légitime des héritiers indique seul qu'ils sont les vrais héritiers.

III.

Dans l'espèce, le légataire universel n'est pas autre que les trois *trustees* que l'exécuteur testamentaire doit nommer et constituer pour exécuter les intentions du testateur et qui seront chargés d'appliquer le résidu de ses biens à la construction, au maintien et au soutien d'un asile pour les veuves et orphelins Protestants dans la ville de la Nouvelle-Orléans ; les personnes, objet de la libéralité et qui profitoront du fidéicommis ne sont pas les veuves et orphelins Protestants, existants au jour du décès du testateur, ce qui eut été un legs à distribuer entre eux et fort licite quoique de difficile exécution ; c'était tout au contraire une fondation pour l'avenir, qui ne leur conferait que *l'usage* de l'asile à élever, maintenir et entretenir ; ce n'était pas légué à la ville ; ce devait être construit dans la ville ; et le nom même de *Fink Asylum* indiquait même que ce n'était qu'un établissement privé, confié aux *trustees* ou fideicommissaires qui, n'en auraient la propriété que *in trust*, sous l'obligation morale de donner aux fonds et aux deniers la destination perpétuelle indiquée par le testateur.

Or, ce n'est pas le but moral du testateur que le soussigné attaque : ce qu'il blâme, ce qu'il dit contraire à la loi, c'est la disposition en elle-même comme violant le droit public de l'état de la Louisiane.

L'article 1507 du code Louisianais prohibe dans les donations et les testaments les fideicommis ; il ne se contente pas de le prohiber ; il les déclare nuls : ce n'est pas assez de les avoir déclarés nuls, il déclare nul même la disposition qu'ils affectent ; ils sont à la fois nuls et annullateurs, nuls et irritants.

Rien n'en doit subsister ni la disposition principale ni les effets pour les tiers.

Donc, le legs du résidu grévé du fideicommis pour faire un établissement privé décoré du nom du testateur pour soutenir une classe de personnes qui ne constitue pas une corporation publique, *est un legs nul et sans effet*, donc le testateur a fait ce que la loi lui défendait de faire ; donc, les biens compris dans ce legs universel, sont restés dans la succession ; donc, ils appartiennent à ses héritiers légitimes dès l'instant de l'ouverture de la succession (Code de la Louisiane, Art. 934.)

IV.

Quand même on donnerait une autre interprétation au testament et qu'on regarderait la ville de New-Orléans comme le but de la libéralité de John D. Fink (ce que nous ne croyons pas être) il n'en serait pas moins vrai, en point de fait, que le testateur n'a pas donné directement à la ville, et qu'il aurait chargé expres.

sément son exécuteur de nommer et d'établir trois personnes pour *trustees* afin que ces trustees mettent à l'exécution ses intentions d'appliquer ce qui restrerait après paiement des justes dettes et des legs, sur l'universalité de ses biens, propriétés, droits, effets et créances, à l'érection maintien et soutien d'un Asyle convenable dans la ville pour en faire profiter seulement les veuves et orphelins Protestants :—ainsi et en point de fait, c'est toujours à des *trustees*, c'est-à-dire à des fideicommissaires que le testament a ordonné de remettre le residu de la succession pour l'exécution de la volonté du défunt. Il importe peu qu'après eux, l'Asyle Fink appartienne à la ville (corporation publique et reconnue) ou ne lui appartienne pas, puisque l'Asyle Fink ne pourrait parvenir à la ville que par une conséquence de fideicommis prohibé.

Quand l'article 1507 a dit les *fideicommis sont proh ibés,* et qu'il a annullé le *fideicommis* et *la substitution* il n'a pas fait comme la loi française. Celle-ci, dans l'article 911 du Code Napoléon, a prohibé seulement les fideicommis faits au profit des incapables, par ces mots : " toute disposition au profit d'un incapable sera nulle, même si on l'a fait sous le nom de personnes interposées."

Le code de la Louisiane est plus sévère : " *les fideicommis* sont prohibés."

Ils sont prohibés soit que les personnes qui en profiteront plus tard soient capables ou incapables, privées ou publiques, corporations aux simples particuliers.

Dans le système Louisianais, dès qu'il y a fideicommis, le legs est d'une nullité radicale.

Donc, peu importe quelle interprétation on donnera au legs, quelle fin on lui indiquera, quelle personne en doit profiter. Sera-ce la ville, corporation publique ou reconnue ? Sera-ce les veuves et orphelins protestants ; classe qui ne forme pas une corporation même privée ? Sera-ce une corporation privée établie suivant les lois du pays, et qui se trouvera en position de commercer du bien du défunt, en imposant des conditions pour entrer dans l'Asyle; Tout cela nous importe peu, et il n'y a pas besoin d'examiner.

Dès que le testateur a voulu que le résidu de sa succession entrait aux mains de *fideicommissaires* chargés de remplir et d'exécuter sa volonté sur ce point, le legs *de residuo* est nulle et d'une nullité absolue.—Ce qui constitue ce residu est dans la succession *ab intestat.*

V.

Le soussigné ne dira qu'un mot sur le mot *trustees* dont se sert le testament. Les *trustees* sont les fideicommissaires anglais. Dans une consultation délibérée pour la Nouvelle-Orléans, dans l'affaire McDonough, avec ses illustres confrères MM. Delangle, Giraud, Duranton père et Marcadé le 18 Décembre 1851, il avait déjà écrit "le mot fideicommis (*fideicommissa*) nous parait avoir " été ajouté à l'art 896 du Code Louisianien, à cause de l'origine " anglaise des autres Etats-Unis, et pour proscrire en même " temps tant les substitutions de l'ancien droit français que les " *trusts* du droit anglais." Il a depuis appris que Mr. Brown, l'un des rédacteurs du Code de la Louisiane, avait dit la même chose d'une manière formelle. Donc, il peut dire avec raison et en toute connaissance de cause que les trustees n'étant que des fideicommissaires, le legs fait *de residuo* par le testateur aux trois trustees à nommer par son exécuteur pour mettre en œuvre ses intentions sur l'Asyle à établir, le maintenir et le soutenir est un legs radicalement nul d'après les lois de l'Etat.

VI.

On élève ici une difficulté secondaire ; et l'on dit contre l'hérédité, qu'effectivement il y a dans le testament une délégation par le testateur à une tierce personne (l'exécuteur) de choisir des trustees ou administrateurs d'une portion de sa fortune ; que dans la vérité c'est là une pure nullité ; mais que d'après l'article 1506 du Code Louisianais ; les conditions ou clauses nulles dans les testaments sont et doivent être considérés comme non écrites.

Et de là l'on a tiré la conséquence, qu'effectivement si le legs était principalement fait pour l'utilité des veuves et orphelins protestants de N.-Orléans, le legs *de residuo* serait effectivement nul, puisque les veuves et les orphelins protestants dans une cité ne forment pas une *corporation* ou personne civile, et sont incapables de recevoir comme personnes incertaines ; mais qu'en décidant en fait que le vrai légataire *de residuo* était la cité de la N.-Orléans, (corporation publique capable de recevoir), on pouvait effacer l'institution de *trustees* comme contraire à la loi et par conséquent la considérer comme non écrite.

Or, selon le soussigné, cela est contraire au testament, si on en considère le sens ; et cela est contraire à la loi Louisanienne, si l'on veut en consulter le texte et l'esprit.

VII.

Quant au sens, il est impossible de dire que cette disposition : " *Ma volonté est que l'entier reste de mes biens...... soit appliqué* " *et employé à l'érection, maintenance et entretien d'un Asyle dans la* " *ville N.-Orléans, pour l'usage seulement des veuves protestants et des* " *orphelins protestants......*" soit une disposition en faveur de la ville. La ville n'est point légataire ; la phrase n'indique par les mots *in this City* que *le lieu* où le testateur veut que l'Asyle soit érigé.

Le reste de la disposition prouve encore davantage que la ville n'est pas gratifiée, qu'elle n'est même pas le but de la libéralité du testateur ; car le testateur veut que l'exécuteur nomme trois *trustees* pour être chargés de l'érection, maintenance et entretien du dit asile, et que l'asile porte le nom du testateur.—Donc, l'établissement qu'il projette n'appartiendra pas à la ville, et ne sera qu'un établissement privé, ayant une existence et une administration absolument indépendante de l'administration de la ville. L'établissement des trustees, et l'ordre d'en nommer, est une preuve certaine que le testateur, loin de songer à donner à la ville, voulait que l'administration publique et municipale ne s'immiscât en rien dans un legs, qu'il faisait pour l'utilité d'une classe de personnes d'une religion déterminée et maltraitées par la fortune.

VIII.

Mais, dans tous les cas, même quand le legs aurait été fait par le testateur dans le but final d'être utile à la ville de N.-Orléans ; quand dans sa pensée, les trustees ou fideicommissaires auraient du ériger, maintenir et soutenir l'asile Fink, le conserver ainsi après l'avoir formé, et le rendre à la ville de New-Orleans, en examinant la question d'après la législation Louisiane, il faut nécessairement prononcer la nullité du legs, et l'on ne peut considérer l'ordre de nommer des *trustees* comme une disposition non écrite.

Dans tous les legs par fideicommmis comme dans toutes substitutions, on distingue deux espèces de personnes sur lesquels l'intention du testateur est dirigée : le *grevè*, celui auquel le testateur donne directement et qui est chargé de rendre, et l'appelé ou les appelés, ceux envers lesquels le grevé doit exécuter la volonté du testateur.

Or, d'après les lois de la Louisiane, tout est nul *pour les fideicommis* comme *pour les substitutions*, et rien ne doit demeurer du legs, ni la disposition faite au profit du grevé, ni la disposition faite pour les appelés ; encore une fois *tout est nul.*

La question n'est pas nouvelle. Elle s'est présentée en droit français pour les substitutions fidéicommissaires sur l'art. 896 du Code Napoléon semblable pour son texte à l'art. 1507 du Code de la Louisiane, lequel ajoute aux substitutions *les fidéi commis.*

La jurisprudence de la Cour de Cassation est chez nous certaine sur ce point. En vain, viendrait-on dire : les conditions contraires à la loi *sont reputées non écrites* (Art. 900 du Code Napoléon). Donc, le *grevé* peut garder son legs ; il n'y a de nul que la substitution.

—On répond : il y a en droit français deux lois bien distinctes l'art. 900 et l'art. 896.—(notons qu'il faut en dire autant en droit Louisianien, il y a aussi deux lois bien distinctes, l'article 1506 semblable à notre article 900 et l'art 1507 semblable à notre article 896 et qui ajoute les fideicommis.)

L'article 900 est une règle générale (1506) l'art. 896 (1507) est une exception. En général, si une disposition n'a d'autre vice que d'être faite sous une condition impossible ou contraire à la loi, elle est valable, parceque la condition illégale est censée *non écrite* ; au contraire quand la loi annulle *la charge ou condition* de conserver et de rendre, il n'y a plus à s'occuper de l'art 900 (ou 1506 :) il n'est pas fait pour ce cas spécial. La disposition principale est *nulle* ; la disposition secondaire *l'est aussi.* Le premier arrêt de la Cour de Cassation sur cette matière est du 18 janvier 1808 ; il se trouve au répertoire de M. Merlin, au mot substitution fideicommissaire, Sect. 1 § IV, No 2, et contient son réquisitoire ; et c'est du jurisprudence certaine.

Ajoutons qu'il en doit être à plus forte raison de même des fideicommis perpétuels.—*A perpetual* trust constitué pour former un établissement privé est un fideicommis perpétuel ; la loi Louisianaise les proscrit. ELLE LES PROHIBE : Ce n'est plus la condition qui est prohibée : c'est le legs en lui-même. Le residu de la succession étant donné nullement et contre la prohibition de la loi, demeure dans la succession ab intestat.

IX.

Le soussigné a dit que le plus grand danger que courrait le demandeur, s'élèverait quand dans une phase quelconque du pro cès, il reviendrait devant la Cour Suprême de la Louisiane et rencontrerait comme précédent l'arrêt du 16 mars 1857.

Car il est certain pour lui qu'en Angleterre et chez les nations qui ont emprunté de l'Angleterre leur mode de procéder, les précédents et les arrêts déjà rendus ont une influence sur les décisions à venir bien autrement puissante qu'en France.

Pour ce cas il soumet à la loyanté des magistrats de la Louisiane les observations suivantes :

A la Louisiane, comme chez nous, les arrêts ne statuent que sur des cas particuliers. Tout ce qui est dit par le juge avant la partie dispositive du jugement est l'expression d'opinion, d'examen, de doctrine, mais n'est pas encore ce qu'on peut appeler *res judicata*. La chose jugée n'est véritablement que dans le *dictum* ; et encore cette chose jugée n'existe-t-elle qu'entre les parties qui ont été parties à la décision judiciaire.

Les magistrats qui composeront la Cour, réfléchiront dans leur haute sagesse que les précédents doivent avoir beaucoup moins d'influence sur les jugements à rendre dans l'Etat de la Louisiane que dans les autres Etats de l'Amérique du Nord, par cela seul que la Louisiane est un pays légiféré par son Code Civile.

En effet, il semble que les Cours de justice doivent faire une grande différence quant à la puissance des précédents entre les pays où les lois Civiles ont été codifiées et ceux où elles ne l'ont pas été.

Dans les pays que nous appellerions en français pays de *Coutumes*, et en anglais *of Common law*, nous reconnaissons qu'il est d'une haute utilité d'invoquer les arrêts précédents (*series rerum perpetuò judicatarum*), parce que la série d'arrêts conforme est une preuve authentique et respectable de la coutume qui s'est introduite sur un point donné.

Mais dans les pays légiférés, quant aux lois civiles (ceux qui se sont donnés des Codes, comme la France, comme la Louisiane), les arrêts commandent encore le respect, mais ils n'y peuvent exercer d'autorité qu'autant qu'on reconnaît leur parfaite conformité à la loi écrite.

Dans ces pays, les citoyens, par leur adhésion à un Code civil, ont positivement déclaré qu'ils n'entendaient pas mettre leurs biens, leurs personnes et leurs droits à la merci du flot changeant et mobile de l'opinion ; que, pour eux, la loi était l'ancre de salut; que, si quelques arrêts s'en écartaient, ils ne seraient chose jugée qu'entre les parties ; et que les arrêts suivants, quoique dans des espèces semblables, devaient se conformer à la loi ; car le pouvoir judiciaire, maître des citoyens qui recourent à lui, ne peut, par une suite d'arrêts, changer la loi dont il n'est que le ministre.

Et de cette vérité, il suit qu'une partie qui demande la même chose que la partie qui a succombé en 1857, a le droit de démontrer, soit devant le juge du premier degré, soit devant la Cour Suprême, que malgré le mérite personnel du magistrat, et malgré son autorité sur les parties qui étaient en cause, l'arrêt de 1857 ne peut pas être pris comme un précédent liant les magistrats dans une affaire intentée par un nouveau demandeur non re présenté à l'arrêt de 1857.

On sera libre d'examiner si tous les éléments de la cause ont été bien connus, bien combinés; si les raisonnements étaient justes, complets et concluants ; et même en présenter d'autres ;

car l'affaire n'est plus la même; ce n'est pas la même affaire, quoique semblable.

Délibéré à Paris, le 19 décembre 1859.

COIN DELISLE,
Avocat à la Cour Impériale ; ancien membre du Conseil de l'Ordre.

L'avocat, soussigné, adhère complètement à la Consultation de son honorable confrère, M. Coin Delisle.

Paris, le 20 décembre 1859.

PAILLARD DE VILLENEUVE,
Avocat à la Cour Impériale de Paris, Membre du Conseil de l'Ordre.

OPINION

of Messieurs Coin Delisle and Paillard de Villeneuve on the validity of the disposition contained in the will of the late John D Fink providing for the construction and support of an Asylum in the city of New Orleans for the benefit of Protestant Widows and Orphans.

STATEMENT OF THE CASE.

The will of John D. Fink made in the authentic form and dated at New Orleans on the seventh of november 1855, contains after several particular legacies, the following universal disposition:

" It is my wish and desire and I do hereby declare the same to be my will, that after payment of my just debts, and the several legacies herein-above mentioned, that the proceeds of the whole of my estate, property, rights and credits be applied to the erection, maintenance and support of a suitable asylum in this city to be used solely as an asylum for Protestant Widows and Orphans to be called " Fink's Asylum; " and I do herein request and authorise my friend Diedrick Bullerdieck, after my decease, to name and appoint three worthy and responsible persons as *Trustees* to carry out my said intentions respecting the aforesaid asylum.

" I hereby nominate and appoint my said friend Diedrick Bullerdieck sole executor of this my last will and testament, with full power to take possession of my estate and be detainer thereof."

The testamentary executor instead of appointing three trustees, united with six other persons to obtain an act of incorporation of the *Fink Asylum* in accordance with a statute of 1855 providing for the organization of litterary, scientific, religious or charitable corporations. As the will directed the testamentary executor to appoint three trustees and as this disposition is null and annuls the legacy, certain heirs of the deceased claimed judicially from the executor, the restitution of the residuum of the succession embraced in the legacy.

In this they failed by the decision of the Supreme Court of Louisiana rendered on the 16th of March 1857, which reversed the judgment that had been rendered in favor of the heirs, declared at the same time that the legacy of the residue enured to the benefit of the City of New Orleans (that corporation being no party to the cause), and dismissed the intervention of the *Fink Asylum* Corporation.

The will, a certified copy of the decision of the Supreme Court and some other papers not material to be mentioned here, have been submitted to the undersigned.

His opinion is asked on behalf of other heirs of the same testator, whether supposing the judgment of the Supreme Court of the 16th of March, 1857, could not be opposed to them, they have the right to demand the nullity of the legacy *de residuo* against the testamentary executor, the city of New Orleans to whom the Court has decided the legacy to belong, and cumulatively against trustees (if any have been named) or others asserting any claim to detain the property or any portion of it remaining after the payment of the legacies and the just debts of the testator.

CONSULTATION.

Whereupon the undersigned Counsel of the Imperial Court of Paris, supposing that in fact and in law there is any heir of the decedent to whom the judgment of the Supreme Court of the State of Louisiana of the 16th of March, 1857, is innapplicable and cannot be opposed as being neither a party to nor represented in the cause; a point which the undersigned declines to examine from a want of the requisite knowledge of the rules of practice of the Courts of the United States,

Is of opinion, That every heir of the testator, not a party to or represented in the decision of the Supreme Court has the incontestable right, in so far as concerns him, to demand in the form and according to the rules of jurisdiction and procedure in force in the country, the nullity of the legacy *de residuo* as well against the Testamentary Executor as against the city of New Orleans to whom the Court declared the legacy to belong, although it was no party to the record, and did not claim it, and against the trustees if they have been appointed or others claiming right to detain the property of the succession of John David Fink, after the payment of the just debts of the deceased, and the discharge of the particular legacies;

That the universal legacy *de residuo* for the reason alone that it is confided to three trustees, is null, no matter to whom the same may have been made, even though it should have been made to the city of New Orleans; and this according to the terms of article 1507 of the Code of Louisiana framed upon the 896th article of the Code Napoleon with the addition of three words more " Les substitutions *et les fideicommis* sont prohibés. Toute disposition par laquelle le donataire, l'héritier ou le légataire est chargé de conserver et de rendre à un tiers est nulle, même à l'égard du donataire, de l'héritier institué ou du légataire...."

That the whole case is embraced in this article because the Testamentary Executor is ordered by the Testator to appoint three trustees to execute his testamentary intentions with respect to the legacy *de residuo.*

That the principal danger the plaintiff has to incur will be when at a particular stage of the proceedings, he shall come before the Supreme Court of Louisiana, and will consequently have to meet *as a precedent,* the decree or decision of the 16th of March, 1857. He can, however, confidently expect that the loyalty of that tribunal will induce it to appreciate the difference between the effect to be given to judicial precedents in a country governed by a positive or codified system of laws, and that to which they are entitled in a country of customary law, and that legal truth will triumph through the organ of the Supreme Court itself which without regarding this precedent, will pronounce the nullity of the universal legacy *de residuo,* and decree the restitution of the residue of the succession by the testamentary executor, the trustees or any other detainers of this universal legacy, to the heir or heirs not bound by the judgment or decision of the 16th of March, 1857.

A few observations will show upon what foundation these propositions are *supported.*

I.

The maxim *res judicata pro veritate habetur* has its limits in all countries—courts of justice have power to decide controversies only between the parties who appear before them. The authority of the thing adjudged cannot be invoked either for or against third persons not parties to the action—*Res judicata nec prodest, nec nocet tertio.*

The decision, then, of the Supreme Court, which in the absence of the city of New Orleans, declared that corporation the universal legatee of the residuum of the property of the deceased, notwithstanding the nullity of that legacy, has not even the force of a judgment in favor of the city. The city had brought no suit, and was no party to the proceedings, consequently nothing was adjudged sofar as concerned that corporation—what the court said was nothing more than a simple opinion, conferring no right upon the city of New Orleans. If the city has any rights, let it assert them against the other parties, for until then it cannot avail itself of a judgment to which it is a stranger.

In the same manner one or more of the heirs who were not parties to or represented in the suit, cannot be injuriously affected by a judgment which is foreign to them—They are *different persons* from those between whom the judgment has been pronounced. This is elementary.

II.

What is also elementary and admitted in every country is that it is always the heir who profits by the nullity of a testament. It is to the legal heir, the heir *ab intestato*, that the property reverts if the will be null and invalid. The reason of this is that all nations establish by their laws the order of succession in families, and that the testamentary power is only a private right accorded to the citizen, on condition that he does not violate the public law (les lois de la cité); that when the testator violates the prohibitory dispositions of public law, there is in that part of his will no testament, and if there be no testament *in parte qua*, the disposition no longer exists, and the legal order of succession alone indicates who are the real heirs.

III·

In the present case the universal legatee is none other than the three trustees whom the testamentary executor is to nominate and appoint in order to execute the intentions of the testator, and who are to be charged with the application of the residuum of his property, towards the construction, maintenance and support of an asylum for Protestant widows and orphans in the city of New Orleans, the persons who are the objects of this liberality and are to profit by the *fideicommis* are not the Protestant widows and orphans living at the death of the testator, this would have been a legacy to be distributed among these persons and quite lawful, although difficult of execution. On the contrary it was a foundation for the future, which gave them only the *use* of the Asylum to be built, endowed and supported; which was not bequeathed to the city; for it was to be built in the city, and its very name, *Fink Asylum*, showed it was merely a private establishment confided to *trustees* or fideicommissaries who were to hold the property only *in trust* under the moral obligation to apply the funds to the perpetual destination indicated by the testator.

Hence the undersigned does not attack the moral object the testator had in view, but what he censures and what he insists is illegal is the disposition in itself as violative of the public law of Louisiana.

Article 1507 of the Louisiana Code, prohibits fideicommissa in donations and testaments. It does not alone prohibit them, it declares them null—and not content with declaring them null, it declares also null the disposition they affect—they are at the same time null and nullifying (*nuls et annulateurs, nuls et irritants.*)

Nothing of them can be kept alive, neither the principal disposition nor its effects upon third persons.

Thus the legacy of the residue burthened with the trust to create a private establishment endowed with the testator's name, for the purpose of supporting a class of persons who do not constitute a public corporation is a legacy which is *null and of no effect;* hence the testator has done what the law prohibited him from doing; and hence the property which is embraced in this universal legacy has continued to remain in the succession and has consequently belonged to the legal heirs from the moment the succession was opened. (Code of Louisiana, Art. 934.)

IV.

But even if a different interpretation were to be given to the will, and the city of New Orleans should (contrary to our opinion) be considered as the object of the liberality of John D. Fink, it would not be the less true that the testator has not given directly to the city and that he has expressly charged his executor to appoint and constitute three persons as *trustees* in order that those trustees should put in execution his intention of applying the remainder of his succession after payment of just debts and legacy to the construction, maintenance and support of a suitable asylum in the city for the sole benefit of Protestant widows and orphans.

Thus in point of fact it is always to *trustees* that the testament directs the residue of the succession to be remitted, for the execution of the will of the deceased. It is of little importance that after them the Fink Asylum will or will not belong to the city (an acknowledged public corporation) since the Fink Asylum cannot come to the city except through the intervention of a prohibited fideicommissum.

When article 1507 declares that *fideicommissa are prohibited,* and that it annuls *fideicommissa* and *substitutions,* it proceeds differently from the French Law, which in the following words of article 911 of the Code Napoleon prohibits only those fideicommissa which are created for the benefit of persons incapable of taking directly: "toute disposition en faveur d'un incapable sera nulle même si on l'a fait sous le nom des personnes interposées."

The Code of Louisiana is more rigorous; "*fideïcommissa* are prohibited."

THEY ARE PROHIBITED whether the persons who are ultimately to profit by them are capable or incapable, private or public, corporations or individuals.

In the Louisiana system the moment there is a fideicommissum the legacy is radically null.

Hence it is of little consequence what interpretation be given to the legacy, what object be assigned to it or what person is to profit by it. Is it the city a public or recognised corporation? or is it the Protestant widows and orphans, a class of persons who do not even constitute a private corporation? or is it a private corporation established in conformity with law and which by imposing the requisite condition for entering the Asylum may have placed itself in a position to claim the property of the deceased? These are questions which concern us but little, and there is no need to examine them.

As soon as the testator willed that the residue of his succession should go in the hands of *fideicommissaires* charged to fulfil and execute his behests in this particular, the legacy *de residuo* became null, radically null. What composes the residue remains in the succession *ab intestato.*

V.

The undersigned has but one observation to make upon the word *trustees* used by the testator. *Trustees* are the English fideicommissaries. In a consultation held for the city of New Orleans in the McDonogh case with his illustrious confrères Messrs. Delangle, Giraud, Duranton père and Marcadé on the 18th of December 1851, he had already written " this word fideicommis (*fideicommissa*) seems to us to have been added to article 896 of the Louisiana Code on account of the English origin of the other States of the Union and to prohibit as well the substitution of the old French law as the *trusts* of the English system." He has learned since that Mr. Brown one of the framers of the Code of Louisiana had formally made the same remark. We may, then, say with reason and understandingly that trustees being but fideicommissaries, the legacy *de residuo* made by the testator to the three trustees to be nominated by his executor to put in action his intentions with respect to the erection, maintenance and support of the asylum is a legacy radically null under the law of the State.

VI.

Here a difficulty of secondary importance is presented and it is nrged against the heirs that although, in truth, there is in the will a delegation by the testator to a third person (the executor) to choose *trustees* or administrators of a portion of his fortune, and that this beyond question is a pnre nullity : still according to article 1506 of the Louisiana Code those conditions or clauses in a will which are null, are and are to be reputed as not written. And from this the conclusion is drawn that, while the legacy *de rcsiduo* would if made directly for the benefit of the Protestants widows and orphans of New Orleans, be entirely void because the Protestant widows and orphans in a city do not coustitute a *corporation* a civil person and are incapable of taking as uncertain persons ; nevertheless by deciding as a fact that the true legatee *de residuo* was the city of New Orleans a public corporation capable of receiving, the institution of *trustees* might be effaced as being contrary to law and consequently be considered as not written.

But in the view of the undersigned, this is contrary to the testament, if we have regard to its meaning, and contrary to the Law of Louisiana if we consult its text and its spirit.

VII.

As to the meaning of the will, it is impossible to say that this disposition " *It is my will and desire and I do hereby de-*

clare the same to be my will......that the proceeds of my whole estate, property, rights, effects and credits be applied to the erection and maintenance and support of a suitable asylum in this city, to be used solely as an asylum for Protestant widows aud orphans", can be a disposition in favor of the city. The city is not a legatee ; the words *in this city* merely indicate the *place* where the testator wishes the asylum should be constructed.

The remainder of the disposition establishes still more clearly that the city is not the beneficiary, nor even the object of the liberality of the testator. For he wills that the executor shall appoint three trustees to be charged with the duty of erecting, maintaining and supporting the asylum, which is to bear his name. The asylum then which he projected was not to belong to the city, it was only to be a private establishment having an existence and an administration absolutely independent of the administration of the city. The appointment of trustees, the order to the executor to select them is a conclusive proof the testator never dreamed of an intention to give to the city but desired that the public municipal administration should have no part in a legacy which he destined for the benefit of a class of persons of a particular religion to whom fortune had not been propitious.

VIII.

But in any case — even should the legacy have been made by the testator with the ultimate view of being useful to the city; even if in his thought, the trustees or fideicommissaries were to construct, maintain and endow the asylum, and after forming it to deliver it over to the city of New Orleans—examining the question under the Legislation of Louisiana, we are forced to pronounce the nullity of the legacy and to affirm that the order to appoint *trustees* cannot be considered as a disposition not written.

In all fideicommissary legacies as in all substitutions two classes of persons are to be distinguished on whom the intentions of the testator rest ; the *greve* to whom the testator gives directly and who is charged to deliver, and the *appelé* or *appelés*, those for whom the *greve* is to execute the will of the testator.

Now according to the Law of Louisiana every thing is null for the *fideicommissum* as for the *substitution* and nothing ought to remain of the legacy, neither the disposition made in favor of the *greve* nor the disposition made for the *appelés* : once more *the whole is null.*

The question is not a new one. It has arisen in the French system with respect to fideicommissary substitutions under article 896 of the Code Napoleon similar in its text to article 1507 of the Louisiana Code to which latter *fideicommissa* have been added.

The jurisprudence of the Court of Cassation is with us fixed upon this point. In vain would it be said, conditions contrary to the law are reputed *not written*, (Art 900 Code Napoléon) and hence the *greve* can keep his legacy, it is only the substitution which is null. The answer is : there are in the French law, two provisions very distinct from each other, article 900 and article 896. (remark that the same is to be said of the law of Louisiana, where there all also two equally distinct provisions, article 1506 similar to our article 900 and article 1507, similar to our article 896 and which adds to it, *fideicommissa*.)

Art 900 (1506) is the general rule, article 896 (1507) is an exception. Generally if a disposition has no other defect than that it is made under an impossible condition or one contrary to law, it is valid because the illegal condition is reputed *not written* : on the other hand where the law annuls the *charge* or *condition* to preserve and to render, there is no room for the application of article 900 (or 1506) : It is not designed for this particular case.— The principal disposition is *null*, the secondary one *is also null*.—

The first *arrêt* of the court of Cassation upon this subject is of the 18th of january 1808 : it is to be found in the Repertoire of Mr. Merlin under the head *substitution fideicommissaire* Sec. 1 § IV No 2 and contains his official opinion. This jurisprudence is uniform.

Let us add that *a fortiori* this should be so with respect to perpetual *fideicommissa*. *A perpetual trust* constituted to form a private establishment is a perpetual fideicommissum. The law of Louisiana proscribes them—IT PROHIBITS THEM—It is no longer the condition which is prohibited, it is the legacy in itself. The residuary legacy being invalid and made contrary to the prohibition of the law remains in the succession *ab intestato*.

IX.

The undersigned has said that the principal danger to which the plaintiff is exposed would arise when at some stage of the cause he would come before the Supreme Court of Louisiana where the judgment of the 16 of March, 1857, will be opposed to him as a precedent.

For the undersigned is aware that in England and in those countries who have derived their mode of procedure from England, precedents and adjudged cases have an influence upon future decisions far more potent than in France.

For this reason he submits to the consideration of the court the following observations :

In Louisiana, as with us, judgments make the law only of particular cases. All that is said by the judge before the decretal part of the judgment (*la partie dispositive*) is the expression of opinion, mere matter of doctrine, which does not constitute *res judicata*. The thing adjudged is contained only in the decree (*dictum*) and even this thing adjudged exists only between the persons who have been parties to the judgment.

The Court will doubtless bear in mind that precedents ought to have much less influence upon subsequent decisions in Louisiana, than in the other States of the Union inasmuch as through its Civil Code, Louisiana is a country of codified or written law.

It would appear that Courts of Justice ought in fact to make a great difference as to the force of precedents between those countries whose laws have been and those whose laws have not been codified.

In the countries which in French we would designate as *customry* (pays de *coutumes*) and in English as countries of *common law*, we recognize the great utility of invoking former decisions (*series rerum perpetuo judicatarum*); because a uniform series of decisions is an authentic and reliable proof of the custom which has been introduced in a given matter.

But in countries of written law, which as France and Louisiana, have enacted codes, precedents while they command respect, have no authority except in so far as they conform to the written law.

In those countries, the citizens by their adoption of a Civil Code, have positively declared their wish not to put their persons, their rights and their property at the mercy of the changing current of opinion. For them the law is their anchor of safety, a departure from which even in a series of decisions would be consecrated into the force of the thing adjudged, only between the parties thereto, and subsequent decisions, though in similar cases, should take the law and not the precedents for their guide; the judiciary, though it controls the rights of the citizens who have recourse to it, cannot by a series of decisions change the law, which it has only the power to administer.

And from this truth we draw the consequence that a party who demands the same thing as the one who failed in 1857, has the right to demonstrate whether before the Court of the first instance or before the Supreme Court, that notwithstanding the personal merit of the Judge and notwithstanding his authority over the persons who were parties to the decree of 1857, that decree should not be taken as a precedent binding upon the magistracy in a case instituted by a new plaintiff not represented in the judgment of 1857.

Such a person will be free to examine whether all the elements of the cause have been well ascertained and properly combined; whether the reasons were correct, complete and conclusive and even to present additional ones, for the case is no longer the same, however similar.

Considered at Paris, December 19th, 1859.

[Signed] COIN DELISLE,
Avocat à la Cour Impériale ; ancien membre du Conseil de l'Ordre.

The undersigned adopts in its entirety the above opinion of his honorable confrère.

PAILLARD DE VILLENEUVE,
Avocat à la Cour Impériale de Paris; Membre du Conseil de l'Ordre.

Paris, December 20, 1859.

www.ingramcontent.com/pod-product-compliance
Lightning Source LLC
LaVergne TN
LVHW011135110826
845150LV00008B/2364
* 9 7 8 1 4 1 8 1 9 3 7 5 1 *